Foreign Copyright:
Joonwon Lee Mobile: 82-10-4624-6629

Address: 3F, 127, Yanghwa-ro, Mapo-gu, Seoul, Republic of Korea 3rd Floor
Telephone: 82-2-3142-4151
E-mail: jwlee@cyber.co.kr

옥효진 선생님의 매일매일 문해력왕 ④

2024. 6. 17. 초 판 1쇄 인쇄
2024. 6. 26. 초 판 1쇄 발행

지은이 | 옥효진
그 림 | 신경영
펴낸이 | 최한숙
펴낸곳 | **BM 성안북스**
주 소 | 04032 서울시 마포구 양화로 127 첨단빌딩 3층(출판기획 R&D 센터)
10881 경기도 파주시 문발로 112 파주 출판 문화도시 (제작 및 물류)
전 화 | 02) 3142- 0036
031) 950- 6300
팩 스 | 031) 955- 0510
등 록 | 1973. 2. 1. 제406-2005-000046호
출판사 홈페이지 | www.cyber.co.kr
이메일 문의 | smkim@cyber.co.kr
ISBN | 978-89-7067-447-6 (64710) / 978-89-7067-443-8 (set)
정 가 | 12,800원

이 책을 만든 사람들
총괄 · 진행 | 김상민
기획 | 북케어
본문 · 표지 디자인 | 정유정
홍보 | 김계향, 임진성, 김주승
국제부 | 이선민, 조혜란
마케팅 | 구본철, 차정욱, 오영일, 나진호, 강호묵
마케팅 지원 | 장상범
제작 | 김유석

■ **도서 A/S 안내**

성안당에서 발행하는 모든 도서는 저자와 출판사, 그리고 독자가 함께 만들어 나갑니다.
좋은 책을 펴내기 위해 많은 노력을 기울이고 있습니다. 혹시라도 내용상의 오류나 오탈자 등이 발견되면 **"좋은 책은 나라의 보배"**로서 우리 모두가 함께 만들어 간다는 마음으로 연락주시기 바랍니다. 수정 보완하여 더 나은 책이 되도록 최선을 다하겠습니다.
성안당은 늘 독자 여러분들의 소중한 의견을 기다리고 있습니다. 좋은 의견을 보내주시는 분께는 성안당 쇼핑몰의 포인트(3,000포인트)를 적립해 드립니다.
잘못 만들어진 책이나 부록 등이 파손된 경우에는 교환해 드립니다.

BM 성안북스

　우리는 하루 동안 수없이 많은 말을 들어요. 엄마, 아빠가 나에게 해 주시는 말들, 학교에서 쉬는 시간 동안 친구들과 나누는 말, 선생님이 수업 시간에 해 주시는 설명들, 만화나 영화 같은 영상 속 등장인물들이 하는 말들을 듣죠. 또, 수없이 많은 글을 읽고 있어요. 재미있는 이야기책 속의 글들, 교과서에 적혀 있는 글들, 길을 걸어가며 보이는 안내문과 간판들. 우리는 말과 글에 둘러싸여 살아가고 있다고 할 수 있는 거죠. 그런데 여러분은 여러분이 보고 듣는 것들을 얼마나 이해하고 있나요? 말을 듣는다고 모든 말을 이해하는 것은 아니에요. 글을 읽는다고 모든 글을 이해하는 것도 아니죠.

　우리가 듣는 말과 읽는 글을 이해하기 위해서는 문해력이 필요해요. 문해력이란 내가 읽는 글, 내가 쓰는 글, 내가 듣는 말, 내가 하는 말의 뜻을 이해하고 내 것으로 만드는 능력이에요. 여러분이 읽게 될 교과서 속 글들도, 수업 시간에 선생님이 하는 말씀도, 갖고 싶었던 장난감의 설명서를 읽고 장난감을 사용하는 것도

이 문해력 없이는 어려운 일이에요. 문해력이 있어야 여러분이 보고 듣는 것을 이해할 수 있죠. 다시 말하자면 문해력이 점점 자랄수록 여러분이 경험하고 이해할 수 있는 세상이 점점 넓어지는 것이랍니다.

그래서 문해력을 어릴 적부터 기르는 게 중요해요. 하지만 문해력은 글자를 읽고 쓸 줄 안다고 저절로 생기는 것은 아니에요. 많은 글을 읽으면서 글이 어떻게 쓰여 있는지, 이 글에 담겨 있는 뜻은 무엇인지를 이해하는 연습을 해야 해요. 유명한 운동선수가 매일매일 꾸준히 연습하고, 훈련을 하는 것처럼 말이에요. 오늘부터 선생님과 함께 매일매일 문해력을 기르는 연습을 해 보는 건 어떨까요? 여러분도 모르는 사이에 여러분이 문해력 왕이 되어 있을지도 몰라요. 그만큼 세상을 보는 여러분의 눈도 쑥쑥 자라 있겠죠.

이 책을 통해 여러분들의 문해력이 쑥쑥 자라나기를 바라요. 그리고 쑥쑥 자라난 문해력으로 이제 막 세상에 발걸음을 떼기 시작하는 여러분이 볼 수 있는 세상이 넓어지기를 바랍니다.

옥효진 선생님

초등 교과 전체에서 핵심 주제를 뽑아 어휘, 문법, 독해, 한자까지 익힐 수 있도록 일주일 프로그램으로 구성했습니다.

주제와 관련된 기본 어휘의 이해를 돕는 그림과 함께 익힐 수 있습니다.

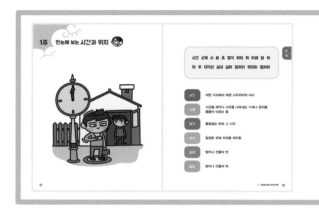

주제와 관련된 기본 어휘인 명사, 동사, 형용사를 배웁니다.

주제와 관련된 의성어, 의태어를 배웁니다.

낱말 확장은 물론 속담, 관용어까지 배웁니다.

주제와 관련된 속담과 관용어를 익힙니다.

헷갈리기 쉬운 말, 잘못 쓰기 쉬운 말, 유의어, 반의어, 다의어, 동형어, 고유어, 외래어 등의 확장 낱말을 익힙니다.

7급, 8급 수준의 한자에서 추출한 문해력 핵심 한자를 배웁니다.

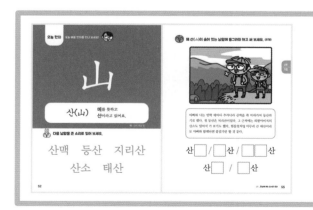

한 주에 1개의 핵심 한자와 연관된 한자어 5개를 학습합니다.

그림과 예시글을 통해 한자 사용의 이해를 높였습니다.

직접 써 보는 공간도 마련했습니다.

짧은 문장으로 시작해서 긴 문단 독해까지 독해력이 성장할 수 있도록 구성했습니다.

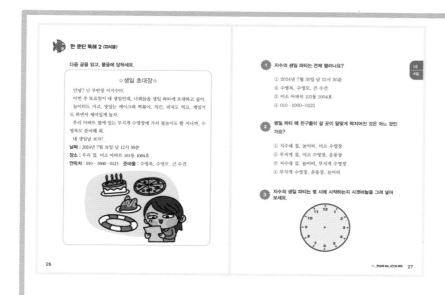

어순, 접속 부사, 종결형 문장, 시제, 높임말, 예사말, 피동, 사동, 부정 등을 익힐 수 있도록 했습니다.

주제와 관련된 확장 어휘를 사용하여 한 문장~세 문장 독해까지 완성된 문장을 만들 수 있도록 했습니다.

우화나 동화(문학), 생활에서 사용되는 지식글(비문학) 등 초등 교과에 담긴 12갈래 형식의 글을 통해 문제를 풀고 익힙니다.

※ 수학 개념을 적용한 문제까지 마련했습니다.

확인 학습을 통해 일주일간 학습한 내용을 복습합니다.

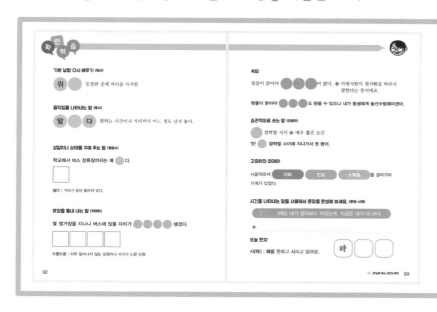

한 주간 배운 내용 중 핵심이 되는 내용을 추렸습니다.

일주일 안에 복습하는 공간을 만들어 학습한 내용을 장기 기억으로 저장할 수 있도록 했습니다.

목 차

한눈에 보는 시간과 위치

한눈에 보는 순서와 숫자

3주

한눈에 보는 날짜와 요일

4주

한눈에 보는 색과 모양

1주

한눈에 보는
시간과 위치

시간 시계 시 분 초 정각 위치 위 아래 앞 뒤
좌 우 대각선 실내 실외 앞자리 뒷자리 옆자리

시간	어떤 시각에서 어떤 시각까지의 사이
시계	시간을 재거나 시각을 나타내는 기계나 장치를 통틀어 이르는 말
정각	틀림없는 바로 그 시각
위치	일정한 곳에 자리를 차지함
실내	방이나 건물의 안
실외	방이나 건물의 밖

시간과 위치를 나타내는 말을 알아봅시다. (동사)

늦추다	미루다	앞두다	늦다	겹치다
두다	기울다	놓이다	뒤집다	엎다

늦추다 정해진 때보다 지나게 하다.

미루다 정한 시간을 나중으로 넘기거나 늘이다.

앞두다 원하는 시간이나 거리까지 어느 정도 남겨 놓다.

두다 일정한 곳에 놓다.

기울다 비스듬하게 한쪽이 낮아지거나 비뚤어지다.

엎다 물건을 거꾸로 돌려 위가 밑을 향하게 하다.

시간과 위치는 각각 어떤 일을 하는지 따라 써 보세요.

미루다

앞두다

늦다

두다

기울다

엎다

시간과 위치의 성질이나 상태를 꾸며 주는 말을 알아봅시다. (형용사)

뒤늦다	제때가 지나 아주 늦다.
때늦다	정한 시간보다 늦다.
높다	아래에서 위까지의 길이가 길다.
낮다	아래에서 위까지의 길이가 보통보다 짧다.
가깝다	어느 한 곳에서 다른 곳까지의 거리가 짧다.
멀다	거리가 많이 떨어져 있다.

 어떤 말이 들어가야 할까요?

뒤늦   멀   높   낮

- 엄마의 구두 굽이 　　　　　　　다.

- 학교에서 버스 정류장까지는 꽤 　　　　　　　다.

- 늦잠을 잤다며 친구가 　　　　　　　게 나왔다.

- 동굴 천장이 　　　　　　　아서 허리를 구부렸다.

한 문장 독해 _ 한 문장으로 된 글을 읽고, 물음에 답하세요.

우리 반은 합창 대회를 앞두고 열심히 연습하고 있다.

1. 우리 반은 무엇을 앞두고 있는지 쓰세요.

. . . .

나는 우유를 들고 가다가 컵이 기울어져서 쏟아 버렸다.

2. 나는 무엇을 쏟았나요?

물 / 주스 / 우유

늦잠을 잔 민수가 학교에 뒤늦게 왔어요.

3. 민수가 학교에 뒤늦게 온 이유는 무엇인가요?

낮잠을 잤어요. / 늦잠을 잤어요. / 일찍 일어났어요.

두 문장 독해 _ 두 문장으로 된 글을 읽고, 물음에 답하세요.

미술 시간에 '캐릭터 따라 그리기'를 했다.
불투명한 종이를 캐릭터 그림 위에 겹치고 그 위에 따라 그리면 된다.

1. 미술 시간에 무엇을 했는지 쓰세요.

....

"엄마, 내 운동화 어디에 두었어요?"
"신발장 안 가장 위 칸에 있어."

2. 내 운동화가 있는 곳은 어디인가요?

신발장 밖 가장 위 칸 / 신발장 옆 / 신발장 안 가장 위 칸

지훈이와 축구를 하기로 했는데 내일로 약속을 미뤘다.
오늘은 아빠와 안과에 가야 하기 때문이다.

3. 오늘 나는 무엇을 했나요?

지훈이와 축구를 했다.
아빠와 안과에 갔다.
아빠와 축구를 했다.

세 문장 독해 _ 세 문장으로 된 글을 읽고, 물음에 답하세요.

> 학원에 가야 하는데 시계를 보니 아직 시간이 꽤 남아 있었다.
> 숙제를 하고 간식을 먹은 후 다시 시계를 보니 조금 전과 똑같은 시간이었다.
> 건전지를 갈지 않아서 시계가 멈춰 있었던 것이다.

1. 나는 어디에 가야 하나요?

....

2. 시간이 남아서 무엇을 했나요?

....

3. 시계가 멈춰 있었던 이유는 무엇인가요?

....

모양을 흉내 내는 말 (의태어)

• 우리 동네 집들은 모두 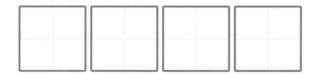 하다.

나직나직 : 위치가 모두 꽤 낮은 모양

• 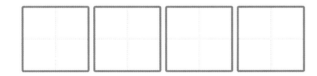한 밤이 오고 있어요.

어둑어둑 : 사물을 똑똑히 알아볼 수 없을 만큼 어두운 모양

• 몇 정거장을 지나니 버스에 앉을 자리가 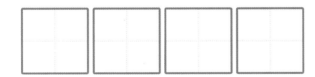 생겼다.

드문드문 : 자주 일어나지 않는 모양이나 사이가 드문 모양

• 개울에는 디딤돌이  놓여 있었어요.

띄엄띄엄 : 붙어 있거나 가까이 있지 않고 조금 떨어져 있는 모양

윗물이 맑아야 아랫물이 맑다.

아랫사람이 윗사람을 따라서 잘한다는 뜻이에요.

솔선수범 : 남보다 앞장서서 행동해서 다른 사람의 본보기가 됨

윗물이 맑아야
아랫물도 맑을 수 있으니
내가 동생에게
솔선수범해야겠어.

굴러온 돌이 박힌 돌 뺀다.

새로운 사람이 오래전부터 있던 사람의 자리를 욕심내는 것을 말해요.

굴러온 돌이 박힌 돌 빼듯이
전학 온 철수가 짝꿍이랑
더 친해졌다.

눈 깜짝할 사이

매우 짧은 순간

추첨끝

앗! 눈 깜짝할 사이에
지나가서 못 봤어.

해가 서쪽에서 뜨다.

예상 밖의 일이나 희한한 일을 하다.

벌떡!!

오늘은 해가
서쪽에서 떴는지
일찍 일어나졌다.

고유어와 외래어

고유어

  이때　바로 지금의 때

  한참　시간이 상당히 지나는 동안

외래어

 **스케줄**　schedule : 시간에 따라 구체적으로 세운 계획이나 계획표

● 고유어와 외래어를 바르게 써 보세요.

봄은 꽃이 활짝 핀 　　　　　　　　　　　가 제일 좋다.

나는 방학 때 무엇을 할지 　　　　　　　　　　을 짰다.

시골이라서 　　　　　　　　　을 걸어가야 가게가 있었다.

시간을 나타내는 말을 사용해서 문장을 완성해 보세요. (문법-시제)

예전에   이미   요즈음   다음

이미 : 일정한 시간보다 앞서. 다 끝나거나 지난 일을 이를 때 쓰는 말
요즈음 : 바로 얼마 전부터 지금까지의 무렵
예전 : 꽤 오래된 지난날
다음 : 어떤 시간이 지난 바로 뒤

"공부는 조금 전에 (   ) 다 했어. 같이 놀자."

➡
....

형은 (   ) 밤늦게까지 공부하더니, 결국 몸살이 났다.

➡
....

(   )에는 내가 엄마보다 작았는데, 지금은 내가 더 크다.

➡
....

"오늘은 시간이 늦었으니까 숨바꼭질은 (   )에 하자."

➡
....

다음 글을 읽고, 물음에 답하세요.

"꼬끼오!"

매일 새벽, 정해진 시간에 수탉은 큰 소리로 울었습니다.

그때마다 할머니는 하루도 빠짐없이 집안의 일하는 사람들을 깨웠어요.

"어휴, 힘들어. 조금만 더 자고 싶어. 저 수탉 때문에 꼬박꼬박 일찍 일어나야 하잖아."

일하는 사람들은 무슨 좋은 방법이 없을까 생각했어요.

"옳지! 할머니 몰래 저 수탉을 없애 버리자! 그러면 할머니도 우리를 깨우지 못하실 거야. 늦잠도 실컷 잘 수 있겠지?"

사람들은 그 뒤로 수탉을 볼 수 없었습니다.

1 할머니는 어떻게 하루도 빠짐없이 일하는 사람들을 일찍 깨웠나요?

① 시계 알람 소리를 듣고 　　　② 수탉의 울음소리를 듣고

③ 할아버지께서 깨우셔서 　　　④ 일하는 사람들이 스스로

2 일하는 사람들은 일찍 일어나기가 싫어서 어떻게 했나요?

① 수탉이 늦잠을 자도록 했어요.

② 수탉을 다른 곳으로 보냈어요.

③ 수탉을 없애 버리기로 했어요.

④ 수탉이 울지 못하게 했어요.

3 '조금도 어김없이 계속하는 모양'으로 일하는 사람들이 일찍 일어나는 것을 어떻게 나타냈나요?

조금만 더 자고 싶어. 저 수탉 때문에 ●●●● 일찍

일어나야 하잖아.

다음 글을 읽고, 물음에 답하세요.

☆생일 초대장☆

안녕? 난 부반장 이지수야.

이번 주 토요일이 내 생일인데, 너희들을 생일 파티에 초대하고 싶어.

놀이터도 가고, 맛있는 케이크와 떡볶이, 치킨, 피자도 먹고, 게임기도 하면서 재미있게 놀자.

우리 아파트 옆에 있는 무지개 수영장에 가서 물놀이도 할 거니까, 수영복도 준비해 줘.

내 생일날 보자!

날짜 : 2024년 7월 31일 낮 12시 30분

장소 : 우리 집. 미소 아파트 101동 1004호

연락처 : 010 – 1000 – 0123   **준비물** : 수영복, 수영모, 큰 수건

지수의 생일 파티는 언제 열리나요?

① 2024년 7월 31일 낮 12시 30분

② 수영복, 수영모, 큰 수건

③ 미소 아파트 101동 1004호

④ 010 – 1000–0123

 생일 파티 때 친구들이 갈 곳이 알맞게 짝지어진 것은 어느 것인가요?

① 지수네 집, 놀이터, 미소 수영장

② 무지개 집, 미소 수영장, 운동장

③ 지수네 집, 놀이터, 무지개 수영장

④ 무지개 수영장, 운동장, 놀이터

 지수의 생일 파티는 몇 시에 시작하는지 시곗바늘을 그려 넣어 보세요.

時

시(時)　때를 뜻하고
시라고 읽어요.

 다음 낱말을 큰 소리로 읽어 보세요.

시계　시간　잠시

즉시　수시

이 글자는 시간이 흘러간다는 것을 표현한 모양이에요.

모양	뜻	소리
時	때	시

쓰는 순서와 쓰기

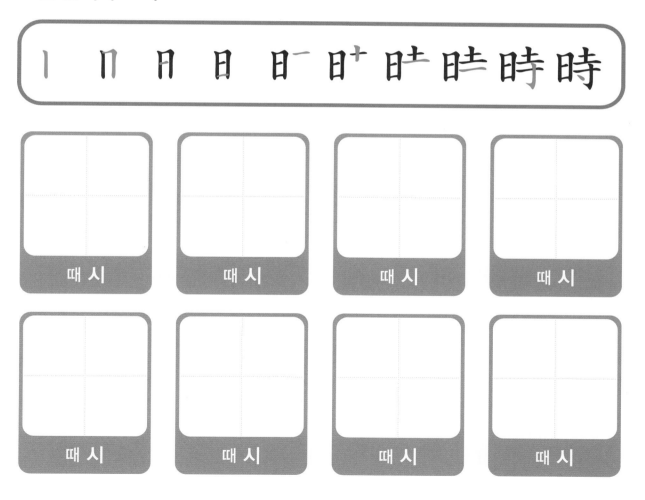

丨　几　月　日　日－　日⺊　日⺜　時　時　時

때 시	때 시	때 시	때 시

때 시	때 시	때 시	때 시

낱말에 시(時)가 숨어 있으면, 그 낱말에는 '때'의 뜻이 들어 있어요.

낱말에 똑같이 들어 있는 글자에 동그라미 하세요.	낱말에 숨어 있는 같은 한자에 동그라미 하세요.
시계	時계 시간을 재거나 시각을 나타내는 기계나 장치
시간	時간 어떤 시각에서 어떤 시각까지의 사이
잠시	잠時 짧은 시간
즉시	즉時 바로 그때
수시	수時 정해 놓은 때 없이 그때그때

공통 글자는 무엇인지 써 보세요.	공통 한자는 무엇인지 써 보세요.

때 시(時)가 숨어 있는 낱말에 동그라미 하고 써 보세요. (5개)

시계를 보고 약속 시간이 다 되어서 깜짝 놀랐다. 잠시 잊고 있는 바람에 좀 늦은 것이다. 즉시 나갈 준비를 시작했고, 혹시 더 늦을까 봐 수시로 시계를 봤다. 다행히 늦진 않았지만 정신이 하나도 없었다.

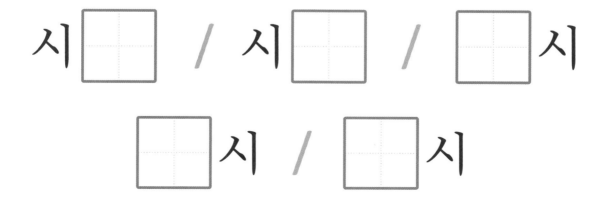

시◻ / 시◻ / ◻시

◻시 / ◻시

기본 낱말 다시 배우기 (명사)

 위 일정한 곳에 자리를 차지함

움직임을 나타내는 말 (동사)

 앞   다 원하는 시간이나 거리까지 어느 정도 남겨 놓다.

성질이나 상태를 꾸며 주는 말 (형용사)

학교에서 버스 정류장까지는 꽤 다.

멀다 : 거리가 많이 떨어져 있다.

모양을 흉내 내는 말 (의태어)

몇 정거장을 지나니 버스에 앉을 자리가 생겼다.

드문드문 : 자주 일어나지 않는 모양이나 사이가 드문 모양

속담

윗물이 맑아야  이 맑다. ➡ 아랫사람이 윗사람을 따라서 잘한다는 뜻이에요.

윗물이 맑아야  도 맑을 수 있으니 내가 동생에게 솔선수범해야겠어.

습관적으로 쓰는 말 (관용어)

⬤ 깜짝할 사이 ➡ 매우 짧은 순간

앗! ⬤ 깜짝할 사이에 지나가서 못 봤어.

고유어와 외래어

시골이라서 이때 한참 스케줄 을 걸어가야 가게가 있었다.

시간을 나타내는 말을 사용해서 문장을 완성해 보세요. (문법-시제)

( )에는 내가 엄마보다 작았는데, 지금은 내가 더 크다.

➡ ....

오늘 한자

시(時) : **때**를 뜻하고 **시**라고 읽어요.

2주

한눈에 보는
순서와 숫자

순서 질서 줄 초반 중반 후반 간격 마지막
전체 모두 양 반 절반 홀수 짝수 최대 최소

순서	정해진 기준에서 차례
질서	뒤죽박죽되어 어지럽지 않고 잘 이루어지게 하는 사물의 순서나 차례
간격	벌어진 사이
전체	한 개 한 개 떨어진 것을 모아서 하나로 만든 것
양	세거나 잴 수 있는 분량이나 수량
반	둘로 똑같이 나눈 것의 한 부분

순서와 숫자를 나타내는 말을 알아봅시다. (동사)

세다	나누다	줄다	늘다	번갈다
합치다	남다	높이다	낮추다	대신하다

세다   사물의 수를 헤아리거나 꼽다.

나누다   하나를 둘 이상으로 가르다.

번갈다   한 사람씩 차례를 바꾸다.

합치다   여럿이 한데 모이다.

남다   다 쓰지 않거나 나머지가 있다.

높이다   아래에서 위까지의 길이를 길게 하다.

순서와 양은 각각 어떤 일을 하는지 따라 써 보세요.

세다

번갈다

남다

나누다

줄다

늘다

순서와 숫자의 성질이나 상태를 꾸며 주는 말을 알아봅시다. (형용사)

많다	수나 양이 보통 이상이다.
적다	수나 양이 보통에 미치지 못하다.
가득하다	수나 양이 꽉 찬 상태에 있다.
충분하다	모자람이 없이 넉넉하다.
흔하다	자주 있어서 쉽게 접할 수 있다.
드물다	어떤 일이 자주 일어나지 않다.

 어떤 말이 들어가야 할까요?

가득   충분   많   드물

• "나는 밥 한 그릇이면   해."

• "컵에 물이   하니 조심해."

• "밤하늘의 유성은 정말   게 볼 수 있어."

• "와! 꽃이 정말   다!"

가위가 하나밖에 없어서, 짝과 서로 번갈아 가며 사용하였다.

1. 짝과 번갈아 가며 사용한 것을 쓰세요.

....

우리는 세 명씩 합쳐서 팀을 만들고 농구 시합을 했어요.

2. 몇 명씩 합쳐서 팀을 만들었나요?

한 명씩 / 두 명씩 / 세 명씩

나와 동생은 사탕을 똑같이 나누어 먹었어요.

3. 나와 동생은 사탕을 어떻게 먹었나요?

내가 더 적게 먹었어요. / 똑같이 나누어 먹었어요. / 동생이 더 많이 먹었어요.

두 문장 독해 _ 두 문장으로 된 글을 읽고, 물음에 답하세요.

> 나는 엄마 심부름으로 쓰레기 종량제 봉투를 사러 갔다.
> 가게 아저씨께서 10장을 잘 세서 건네주셨다.

1. 나는 무엇을 사러 갔는지 쓰세요.

....

> "엄마, 배가 불러서 밥을 좀 남겼어요."
> "그래. 아까 간식을 많이 먹어서 그렇구나."

2. 나는 무엇을 남겼나요?

> 반찬 / 국 / 밥 / 찌개

> 할머니는 언제나 음식을 아주 많이 하신다.
> 엄마가 요리하는 양의 두 배는 되는 것 같다.

배 : 어떤 수나 양을 두 번 합한 만큼

3. 할머니는 음식을 어떻게 하나요?

> 아주 많이 하신다.
> 엄마 요리의 두 배만 하신다.
> 아주 조금 하신다.

세 문장 독해 _ 세 문장으로 된 글을 읽고, 물음에 답하세요.

> 우리 집은 주말마다 가족이 번갈아 가며 설거지한다.
> 이번 주는 아빠 차례였다.
> 부모님도 도와 드리고, 재미있어서 내 순서가 기다려진다.

1. 주말마다 가족이 번갈아 가며 하는 것은 무엇인가요?

....

2. 이번 주는 누구 차례였나요?

....

3. 내 순서가 기다려지는 이유는 무엇인가요?

....

모양을 흉내 내는 말 (의태어)

- 모두 먹기에는 밥이 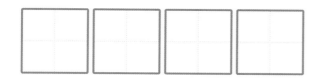 모자랄 것 같아.

간당간당 : 거의 다 써서 얼마 남지 않게 된 모양

- 맨 앞에 선 사람부터 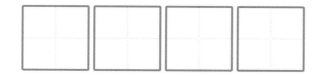 들어오세요.

차례차례 : 차례를 따라서 순서 있게.

- 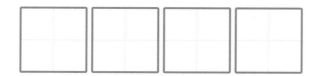 한 꼬마들이 줄지어 가는 모습이 귀엽다.

자금자금 : 여럿이 다 자그마한 모양

- 사과나무마다 사과가 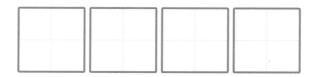 열렸다.

주렁주렁 : 열매가 많이 달린 모양

순서와 숫자 _ 관계있는 속담

우물에 가 숭늉 찾는다.

일의 순서를 모르고 성급하게 덤빈다는 뜻이에요.

숭늉 : 밥을 지은 솥에서 밥을 푼 뒤에 물을 붓고 데운 물

배가 고파서
익지도 않은 고기를
먹는 건 우물에 가
숭늉 찾는 짓이야.

도토리 키 재기

비슷해서 서로 비교해 볼 필요가 없다는 뜻이에요.

크기가 다 비슷해서
고를 것도 없어.
도토리 키 재기야.

순서와 숫자 _ 관계있는 습관적으로 쓰는 말 (관용어)

하나부터 열까지

어떤 것이나 모두 다

엄마는 내가 뭘 했는지
하나부터 열까지
다 알고 있다.

셀 수 없이

매우 많이

셀 수 없는 별이
밤하늘을 수놓고 있다.

글자만 같은 서로 다른 낱말 (동형어)

1 세다

수를 헤아리다.

2 세다

힘이 많다.

3 세다

머리카락이나
수염의 털이
하얘지다.

- 어떤 '세다'인지 번호를 써 보세요.

"술래가 눈을 감고 열을 셀 동안 숨자."

힘이 센 영수가 내 짐을 들어 주었다.

나는 머리가 하얗게 센 할머니의 짐을 들어 드렸다.

'이어 주는 말'을 사용하여 문장을 만들어 보세요. (문법-접속 부사)

| 그래도 | 그러니까 | 그런데 | 그리고 |

줄의 맨 앞에 내 짝이 섰다. (   ) 그 뒤에 내가 섰다.

➔ ....

예전에는 천 원에 사탕 5개를 샀었다. (   ) 지금은 3개밖에 못 산다.

➔ ....

"바구니 속의 사과 양은 모두 같아. (   ) 가장 많아 보이는 것으로 사자."

➔ ....

"네 순서는 이미 지나갔어. (   ) 다음 순서를 기다려야 해."

➔ ....

다음 글을 읽고, 물음에 답하세요.

"우와! 맛있는 알밤이네. 내가 다 먹어야지."

소년은 동그란 항아리 속의 알밤을 가득 잡고 손을 빼려고 했어요.

그런데 손이 항아리 입구에서 빠지지 않는 게 아니겠어요?

"어떡하지? 손이 빠지지 않아."

그때 지나가던 할머니가 그 모습을 보고 말씀하셨어요.

"알밤을 손에 가득 쥐지 말고, 반만 쥐어 보렴. 그러면 손을 쉽게 뺄 수 있을 거다."

소년은 욕심껏 쥐고 있던 알밤을 놓고, 조금만 쥐었어요.

그러자 손이 쏙 빠져나왔답니다.

항아리 속에는 무엇이 들어있었나요?

① 도토리   ② 소년

③ 할머니   ④ 알밤

 소년은 항아리에서 어떻게 손을 뺄 수 있었나요?

① 욕심껏 쥐고 있던 알밤을 놓고, 조금만 쥐고

② 알밤을 욕심껏 가득 쥐고

③ 알밤을 전혀 쥐지 않고

④ 조금 쥐고 있던 알밤을 손에 가득 쥐고

 '단숨에 빠지거나 터지는 모양'으로 소년의 손이 항아리에서 빠져나오는 모양을 어떻게 나타냈나요?

소년은 욕심껏 쥐고 있던 알밤을 놓고, 조금만 쥐었어요.
그러자 손이 ⬤ 빠져나왔답니다.

다음 글을 읽고, 물음에 답하세요.

> ### ♥ 엄마와 함께 쿠키 만들기 ♥
>
> 재료의 양과 만드는 순서를 지켜야 맛있는 쿠키를 만들 수 있어요.
>
> [재료]
>
> 밀가루 250g, 버터 100g, 달걀 1개, 설탕 85g, 소금 2g, 베이킹파우더 2g
>
> [만드는 순서]
>
> 1. 버터와 설탕, 소금을 섞어요. 여러 번 저어서 설탕과 소금을 녹여 주세요.
> 2. 달걀을 풀어서 같이 섞어요.
> 3. 밀가루와 베이킹파우더를 마지막으로 섞으면 쿠키 반죽이 완성돼요.
> 4. 반죽으로 재미있는 모양으로 만들어 보세요.
> 5. 오븐에 넣고 170도에서 13분~15분 동안 구워요. 반드시 엄마가 도와 주세요!
> 6. 완성! 맛있게 냠냠 ♥
>
>

1 쿠키를 만들 때 주의해야 하는 점이 <u>아닌</u> 것은 무엇인가요?

① 재료의 양을 꼭 지켜 주세요.

② 만드는 순서를 지켜 주세요.

③ 오븐을 사용할 때는 엄마가 도와주세요.

④ 모든 재료는 한꺼번에 섞어 주세요.

2주

4일

2 쿠키를 만들 때 가장 마지막 순서로 하는 것은 무엇인가요?

① 달걀을 풀어서 섞어요.

② 오븐에 넣고 구워요.

③ 재미있는 모양을 만들어요.

④ 버터와 설탕, 소금을 섞어요.

3 재료의 양을 비교해서 많이 들어가는 순서대로 나열 해 보세요.

> [재료] 밀가루 250g, 버터 100g, 설탕 85g, 소금 2g

[　　　　] → 버터 → [　　　　] → [　　　　]

산(山)　메를 뜻하고
산이라고 읽어요.

메 : 산의 옛날 말

 다음 낱말을 큰 소리로 읽어 보세요.

산맥　등산　지리산

산소　태산

이 글자는 우뚝 솟은 세 개의 봉우리를 가진 산의 모양이에요.

모양	뜻	소리
山	메	산

쓰는 순서와 쓰기

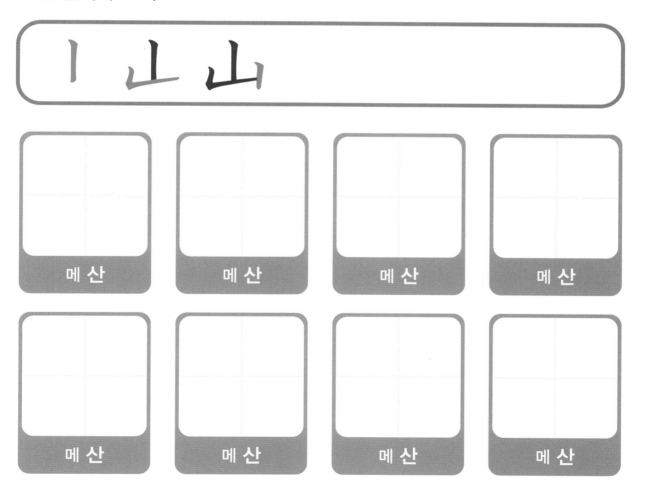

메산	메산	메산	메산
메산	메산	메산	메산

낱말에 산(山)이 숨어 있으면 그 낱말에는 '산'의 뜻이 들어 있어요.

산맥	山맥 산봉우리가 길게 연속된 것
등산	등山 운동, 놀이, 탐험을 위해 산에 오름
지리산	지리山 경상남도, 전라남도, 전라북도에 걸쳐 있는 산
산소	山소 사람의 무덤을 높여 이르는 말
태산	태山 높고 큰 산

메 산(山)이 숨어 있는 낱말에 동그라미 하고 써 보세요. (5개)

아빠와 나는 방학 때마다 우리나라 산맥을 쭉 따라가며 등산하기로 했다. 첫 등산은 지리산이었다. 그 근처에는 외할아버지의 산소도 있어서 가 보기도 했다. 힘들었지만 아무리 큰 태산이라도 아빠와 함께라면 즐겁기만 할 것 같다.

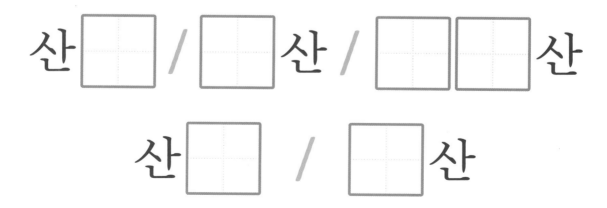

산⬜ / ⬜산 / ⬜⬜산

산⬜ / ⬜산

기본 낱말 다시 배우기 (명사)

 정해진 기준에서 차례

움직임을 나타내는 말 (동사)

 하나를 둘 이상으로 가르다.

성질이나 상태를 꾸며 주는 말 (형용사)

"컵에 물이 하니 조심해."

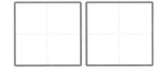

가득하다 : 수나 양이 꽉 찬 상태에 있다.

모양을 흉내 내는 말 (의태어)

사과나무마다 사과가  열렸다.

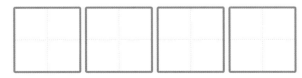

주렁주렁 : 열매가 많이 달린 모양

속담

도토리 재기 ➜ 비슷해서 서로 비교해 볼 필요가 없다는 뜻이에요.

크기가 다 비슷해서 고를 것도 없어. 도토리 재기야.

습관적으로 쓰는 말 (관용어)

 부터 열까지 ➜ 어떤 것이나 모두 다

엄마는 내가 뭘 했는지 부터 열까지 다 알고 있다.

글자만 같은 서로 다른 낱말 (동형어)

힘이 센 영수가 내 짐을
들어 주었다.

● 수를 헤아리다.

● 힘이 많다.

● 머리카락이나 수염의 털이 하얘지다.

'이어 주는 말'을 사용하여 문장을 만들어 보세요. (문법-접속 부사)

"네 순서는 이미 지나갔어. (   ) 다음 순서를 기다려야 해."

 ....

오늘 한자

산(山) : 메를 뜻하고 산이라고 읽어요.

한눈에 보는
날짜와 요일

날짜 요일 월 화 수 목 금 토 일 일주일
주말 그저께 어제 오늘 내일 모레 글피

날짜	어떤 일을 하는 데 걸리는 날의 수
요일	일주일의 각 날을 이르는 말
오늘	지금 지나가고 있는 이날
내일	오늘의 바로 다음 날
모레	내일의 다음 날
글피	모레의 다음 날

날짜와 요일을 나타내는 말을 알아봅시다. (동사)

지나가다	겪다	향하다	비다	넘기다
바꾸다	꼬이다	뛰어넘다	고르다	차다

지나가다   시간이 흘러가서 그 시기에서 벗어나다.

비다   할 일이 없거나 끝내서 시간이 남다.

넘기다   일정한 시간을 벗어나 지나게 하다.

꼬이다   하는 일이 잘 안되다.

뛰어넘다   정해 놓은 것에서 벗어나다.

차다   정한 기간이 다 되다.

날짜와 요일은 각각 어떤 일을 하는지 따라 써 보세요.

바꾸다

꼬이다

향하다

지나가다

넘기다

비다

날짜와 요일의 성질이나 상태를 꾸며 주는 말을 알아봅시다. (형용사)

| 일정하다 | 크기나 모양, 시간이 하나로 정해져 있다. |

일정하다 크기나 모양, 시간이 하나로 정해져 있다.

이르다 기준을 잡은 때보다 앞서거나 빠르다.

알맞다 넘치거나 모자라지 않다.

변함없다 달라지지 않고 항상 같다.

상관없다 서로 매여 있지 않다.

꾸준하다 늘 부지런하고 끈기가 있다.

 어떤 말이 들어가야 할까요?

꾸준   알맞   이르   상관없

- "난 아무거나 　　　　　　　으니 네가 좋은 것으로 골라."

- 일찍 출발했더니 학교에 　　　　　　　게 도착했다.

- 건강하려면 　　　　　　　하게 운동해야 한다.

- 키에 　　　　　　　게 의자를 조절했다.

한 문장 독해 _ 한 문장으로 된 글을 읽고, 물음에 답하세요.

> 이 숙제는 이번 주 금요일까지 꼭 해야 한다.

1. 숙제를 언제까지 해야 하는지 쓰세요.

....

> 지난 여름 방학 때 일주일 동안 제주도에 다녀왔어요.

2. 제주도에 얼마 동안 있었나요?

> 하루 / 일 년 / 일주일

> 즐거웠던 방학이 어느새 지나가고, 새 학기가 시작되었다.

3. 방학이 지나가고 무엇이 시작되었나요?

> 새 학기가 시작되었다. / 새 학년이 되었다. / 졸업식을 했다.

두 문장 독해 _ 두 문장으로 된 글을 읽고, 물음에 답하세요.

> 내일 친구들과 만나기로 했는데 기침이 나왔다.
> 그래서 다음 주 토요일로 약속 날짜를 바꿨다.

1. 약속 날짜는 언제로 바꿨는지 쓰세요.

> "수민아, 모레 목요일에 현장 체험 학습 가는 거 맞지?"
> "네! 정말 기대돼요."

2. 현장 체험 학습은 언제 가나요?

> 내일 수요일 / 글피 금요일 / 모레 목요일 / 어제 월요일

> 형은 늘 일정한 시간을 지켜 운동을 한다.
> 3년째 꾸준하고 변함없는 형이 참 대단한 것 같다.

3. 형은 일정한 시간을 지켜 무엇을 하나요?

> 운동을 한다.
> 아침 일찍 일어난다.
> 학교에 간다.

> 이번 주는 하루도 비는 날이 없이 할 일이 꽉 차 있다.
> 월요일부터 수요일까지는 모둠 활동, 목요일, 금요일은 동아리 활동이 있다.
> 주말에는 가족과 강원도로 여행을 떠날 계획이다.

1. 이번 주는 무엇으로 꽉 차 있나요?

....

2. 월요일부터 수요일까지는 무엇을 하나요?

....

3. 주말에는 무엇을 하나요?

....

소리를 흉내 내는 말 (의성어)

- 약속한 날의 아침이 되자 알람이 울렸다.

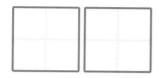

삑삑 : 주의를 하도록 소리를 울리는 장치가 자꾸 날카롭게 내는 소리

- 공부를 다 하면 달력 위에 '' 줄을 그어 표시했어요.

찍 : 줄이나 획을 세게 한 번 긋는 소리

- 며칠 전부터 귓가에 대던 모기를 잡았어요.

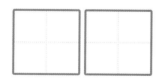

앵앵 : 모기나 벌이 빨리 날아갈 때 잇따라 나는 소리

- 토요일이면 기차가 지나간다.

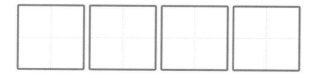

칙칙폭폭 : 예전 기차인 증기 기관차가 연기를 뿜으면서 달리는 소리

날짜와 요일 _ 관계있는 속담

서당 개 삼 년에 풍월 읊는다.

꾸준히 오래 하면 할 수 있게 된다는 말이에요.

'풍월을 읊는다' : 자연의 아름다움을 노래한 시를 외운다는 뜻
서당 : 옛날에, 공부를 가르치던 곳

서당 개 삼 년에
풍월 읊는다고,
엄마가 화가라서
그림을 잘 그리나 봐.

가는 날이 장날

생각하지 않은 일을 우연히 하게 되는 것을 뜻해요.

장날 : 장이 선 날

가는 날이 장날이라고,
하필 공사 중이라 가게가
문을 닫았어.

날짜와 요일 _ 관계있는 습관적으로 쓰는 말 (관용어)

어제 오늘 할 것 없이

날짜를 따질 것 없이

어제 오늘 할 것 없이
우리 집 강아지는
언제나 귀엽다.

날이면 날마다

매일매일 모든 날에

붕어빵 트럭은
날이면 날마다 오는 게 아니야!
줄 서러 가자!

여러 가지 뜻을 가진 낱말 (다의어)

1 밝다

밤이 지나고
환해지며
새날이 오다.

2 밝다

표정, 분위기,
생각이 환하고
좋아 보이거나
그렇게 느껴지다.

3 밝다

어떤 일에 대하여
매우 잘 알고 있다.

- 어떤 '밝다'인지 번호를 써 보세요.

  누나의 밝은 목소리는 내 기분까지 밝게 만든다.

  계산에 밝은 형은 절대 손해 보는 일이 없다.

  창밖으로 아침이 밝아 오고 있다.

알맞은 문장 부호를 넣어 보세요. (문법-문장 부호)

> ? … " " ' '

? : 물음표. 물어보는 말 뒤에 써요.

… : 말줄임표. 말이 없음을 나타내거나 문장을 줄일 때 써요.

" " : 큰따옴표. 대화하는 문장의 앞뒤에 써요.

' ' : 작은따옴표. 마음속으로 한 말을 적을 때 앞뒤에 써요.

나는 친구들에게 말했다.
(   )모둠 활동은 목요일에 하자.(   )

➡

나는 마음속으로 다짐했다.
(   )주말에 리코더 연습을 많이 해야지!(   )

➡

"연두야, 숙제는 금요일까지 해야 하는 거 맞지(   )"

➡

아빠는 토요일인데 회사에 가셨다.
오늘 놀이공원에 가기로 약속했는데(   ).

➡

다음 글을 읽고, 물음에 답하세요.

"어흥! 너를 잡아먹어야겠다!"

호랑이는 무시무시한 이빨을 드러내며 할머니에게 다가왔어요.

"호랑이야, 호랑이야. 내 말 좀 들어 보렴. 내가 없으면 심어 놓은 이 많은 팥들을 어쩌겠니? 며칠 후에 팥을 수확하면, 맛있는 팥죽을 만들어 줄 테니 그때까지만 기다려 다오."

호랑이는 곰곰이 생각했어요.

'옳지. 그때가 되면 팥죽도 먹고, 저 할머니도 잡아먹으면 되겠군.'

"좋아. 그럼 딱 3일 후에 올 테니, 맛있는 팥죽을 만들어 놓도록 해."

그리고 호랑이는 다시 저 숲 너머로 사라졌어요.

1 할머니는 지금 잡아먹히지 않기 위해 호랑이를 어떻게 설득했나요?

① 팥을 키워 줄게.　　　　② 팥죽을 만들어 줄게.

③ 팥을 심을 거야.　　　　④ 팥을 수확할 거야.

 2 호랑이는 3일 후에 와서 어떻게 할 생각인가요?

① 팥죽만 먹고 갈 것이다.

② 할머니만 잡아먹을 것이다.

③ 팥죽도 먹고, 할머니도 잡아먹을 것이다.

④ 팥죽을 먹지 않고 할머니도 잡아먹지 않을 것이다.

 3 호랑이가 처음 할머니를 잡아먹으려고 한 날이 1월 1일이라면, 팥죽도 먹고 할머니도 잡아먹으러 올 날은 언제인가요?

그럼 딱 3일 후에 올 테니, 맛있는 팥죽을 만들어 놓도록 해.

1월 1일 + 3일 = 1월 　　　　　 일

다음 글을 읽고, 물음에 답하세요.

우리 동네에서는 어떻게 분리수거를 하고 있을까요?

월요일에는 플라스틱과 비닐류의 재활용품, 수요일에는 종이, 유리, 페트병, 고철 등의 재활용품, 화요일, 목요일, 일요일에는 음식물 쓰레기와 일반 쓰레기를 내놓습니다.

시간은 밤 8시부터 밤 11시까지이고, 생활 쓰레기는 반드시 쓰레기 종량제 봉투에 담아서 배출해야 합니다.

경제적 이익은 물론, 깨끗한 환경을 만들고, 나아가 지구 온난화를 막는 쓰레기 분리수거에 다 같이 참여합시다.

어린이 뉴스 김문해 기자였습니다.

이 기사와 관련이 <u>없는</u> 것은 무엇인가요?

① 우리 동네 분리수거 요일

② 월요일에는 비닐류의 재활용품을 내놓는다.

③ 일요일에는 음식물 쓰레기를 내놓는다.

④ 분리수거가 필요한 것은 아니다.

 생활 쓰레기는 어떻게 배출해야 하나요?

① 종이봉투에 담아서

② 일반 비닐봉지에 담아서

③ 쓰레기 종량제 봉투에 담아서

④ 종이 상자에 넣어서

3 분리수거를 해야 하는 이유는 무엇인가요?

> 경제적 이익은 물론, 깨끗한 환경을 만들고, 나아가 지구
> 온난화를 막는 쓰레기 분리수거에 다 같이 참여합시다.

• 경제적 ⬡⬡ 을 준다.

• 깨끗한 ⬡⬡ 을 만든다.

• 지구 ⬡⬡⬡ 를 막는다.

학(學)   배우다를 뜻하고
학이라고 읽어요.

 다음 낱말을 큰 소리로 읽어 보세요.

개학   방학   학원

학습   수학

이 글자는 아이가 있는 집을 양손이 감싸고 있는 모양이에요.

모양	뜻	소리
學	배우다.	학

쓰는 순서와 쓰기

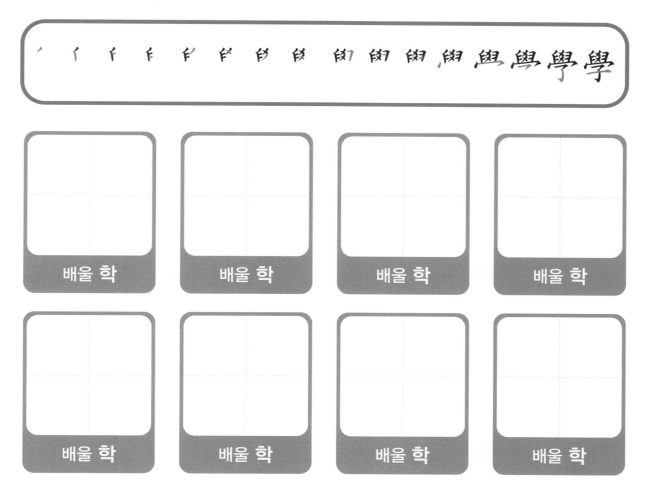

배울 학

배울 학

배울 학

배울 학

배울 학

배울 학

배울 학

배울 학

낱말에 학(學)이 숨어 있으면 그 낱말에는 '배우다.'의 뜻이 들어 있어요.

낱말에 똑같이 들어 있는 글자에 동그라미 하세요.

낱말에 숨어 있는 같은 한자에 동그라미 하세요.

개학

개學
학교에서 방학으로 한동안 쉬었다가
다시 수업을 시작함

방학

방學
일정 기간 수업을 쉬는 일

학원

學원
학교는 아니지만 학교 수업 과정이나 음악,
체육, 기술 같은 교육을 하는 곳

학습

學습
배워서 익히는 것

수학

수學
수와 양, 공간의 성질에 관하여
연구하는 학문

공통 글자는 무엇인지 써 보세요.

공통 한자는 무엇인지 써 보세요.

배울 학(學)이 숨어 있는 낱말에 동그라미 하고 써 보세요. (5개)

드디어 며칠 뒤면 개학이다. 방학 동안 학원에 다니면서 학습하는 시간이 많아져서 공부에 많은 도움이 되었다. 나는 수학 과목을 좋아한다. 점점 수학 공부가 어려워지지만 좋아하는 과목이니 더 열심히 해야겠다.

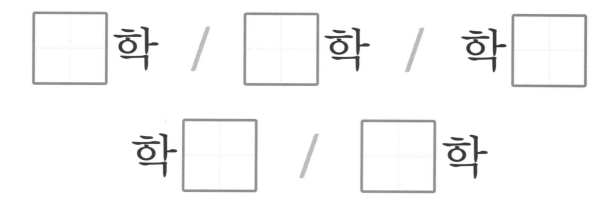

기본 낱말 다시 배우기 (명사)

 날 　　 어떤 일을 하는 데 걸리는 날의 수

움직임을 나타내는 말 (동사)

 지 　 가 　 다 　 시간이 흘러가서 그 시기에서 벗어나다.

성질이나 상태를 꾸며 주는 말 (형용사)

일찍 출발했더니 학교에 게 도착했다.

이르다 : 기준을 잡은 때보다 앞서거나 빠르다.

소리를 흉내 내는 말 (의성어)

며칠 전부터 귓가에 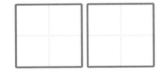 대던 모기를 잡았어요.

앵앵 : 모기나 벌이 빨리 날아갈 때 잇따라 나는 소리

속담

가는 날이 ○○ ➜ 생각하지 않은 일을 우연히 하게 되는 것을 뜻해요.

가는 날이 ○○ 이라고, 하필 공사 중이라 가게가 문을 닫았어.

습관적으로 쓰는 말 (관용어)

○ 이면 날마다 ➜ 매일매일 모든 날에

붕어빵 트럭은 ○ 이면 날마다 오는 게 아니야! 줄 서러 가자!

여러 가지 뜻을 가진 낱말 (다의어)

창밖으로 아침이
밝아 오고 있다. ●

● 밤이 지나고 환해지며 새날이 오다.

● 표정, 분위기, 생각이 환하고 좋아 보이거나 그렇게
느껴지다.

● 어떤 일에 대하여 매우 잘 알고 있다.

알맞은 문장 부호를 넣어 보세요. (문법-문장 부호)

> 나는 친구들에게 말했다.
> (　　)모둠 활동은 목요일에 하자.(　　　)

➜

오늘 한자

학(學) : 배우다를 뜻하고 **학**이라고 읽어요.

4주

한눈에 보는
색과 모양

색깔　크레파스　빨강　파랑　노랑　검정　하양

모양　동그라미　세모　네모　마름모　타원

물감　색연필　페인트　색종이　파스텔

| 색깔 | 물체가 빛을 받을 때 나타나는 특유한 빛 |

| 모양 | 겉으로 나타나는 생김새나 모습 |

| 물감 | 물을 들이는 물질을 통틀어 이르는 말 |

| 색종이 | 여러 가지 색깔로 물들인 종이 |

색과 모양을 나타내는 말을 알아봅시다. (동사)

색칠하다   비뚤어지다   휘다   흐트러지다   쏠리다
굿다   틀어지다   드러나다   늘이다   퍼지다

색칠하다   색깔이 나게 칠을 하다.

휘다   꼿꼿하던 것이 구부러지다.

굿다   금이나 줄을 그리다.

드러나다   보이지 않던 것이 보이게 되다.

늘이다   원래보다 더 길어지게 하다.

퍼지다   어떤 물질이나 색깔이 넓게 나아가다.

 색과 모양은 각각 어떤 일을 하는지 따라 써 보세요.

색칠하다

퍼지다

휘다

드러나다

늘이다

굿다

색과 모양의 성질이나 상태를 꾸며 주는 말을 알아봅시다. (형용사)

예쁘다	생긴 모양이 아름다워 눈으로 보기에 좋다.
밉다	모양, 생김새, 행동이 마음에 들지 않다.
반듯하다	모양이 비뚤어지거나 굽지 않고 바르다.
가지런하다	여럿이 고르게 되어 있다.
알록달록하다	여러 가지 밝은 빛깔이 섞여 무늬를 이루다.
울긋불긋하다	여러 가지 빛깔들이 야단스럽게 뒤섞여 있다.

어떤 말이 들어가야 할까요?

알록달록   예쁘   가지런   반듯

• 친구가 새로 산 신발이 정말 　　　　　　　다.

• 나는 책꽂이에 책을 　　　　　　　하게 꽂았다.

• 정원의 꽃들이 　　　　　　　해서 아름답다.

• 수진이는 글씨체가 참 　　　　　　　하다.

한 문장 독해 _ 한 문장으로 된 글을 읽고, 물음에 답하세요.

색종이의 네 면을 모두 똑같은 길이로 잘라서 정사각형을 만들었어요.

1. 정사각형은 네 면의 무엇이 모두 똑같아야 하는지 쓰세요.

....

물 위로 물감이 퍼져 나가는 모습이 한 폭의 그림 같다.

2. 그림 같이 물 위로 퍼지는 것은 무엇인가요?

크레파스 / 페인트 / 물감

종이에 별 모양으로 선을 그어서 그대로 자르면 별 한 개가 완성된다.

3. 종이로 별을 완성하려면 어떻게 하나요?

별 모양으로 선을 그어 자른다. / 별 모양으로 접어 자른다. / 별 모양을 붙인다.

두 문장 독해 _ 두 문장으로 된 글을 읽고, 물음에 답하세요.

> 나는 가위질이 서툴러서 종이가 비뚤어지게 잘렸다.
> 선생님께서 도와주셔서 다시 예쁘게 잘랐다.

1. 나는 종이를 어떻게 잘랐는지 쓰세요.

....

> "도형은 휘거나 틀어지게 그리면 안 되니까, 자를 대고 그려 보자."
> "자를 사용하니 반듯하게 그려져요."

2. 도형을 반듯하게 그리기 위해 사용한 것은 무엇인가요?

> 연필 / 공책 / 지우개 / 자

> 5교시 미술 시간에 우리 동네를 그렸다.
> 밑그림을 그리고 그 위에 색칠해서 멋지게 완성하였다.

3. 미술 시간에 무엇을 했나요?

> 우리 동네를 그렸어요.
> 밑그림만 그렸어요.
> 색칠은 하지 못했어요.

세 문장 독해 _ 세 문장으로 된 글을 읽고, 물음에 답하세요.

친구들과 교실의 게시판을 꾸몄다.
알록달록한 색종이를 꽃 모양과 나비 모양으로 잘라 꽃동산을 만들었다.
사이사이에 우리들의 사진도 잘라서 붙이니 1학년 2반 꽃동산이 되었다.

1. 친구들과 교실의 무엇을 꾸몄나요?

....

2. 색종이를 무슨 모양으로 잘랐나요?

....

3. 게시판을 꾸민 교실은 몇 학년 몇 반 교실인가요?

....

모양을 흉내 내는 말 (의태어)

- 나는 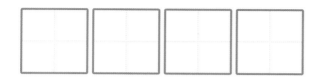 하게 구운 군고구마를 좋아한다.

노릇노릇 : 군데군데 노르스름한 모양

- 정원의 꽃들이 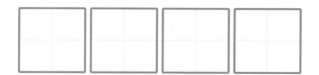 참 예쁘다.

아롱다롱 : 여러 가지 빛깔이 고르지 않고 촘촘하게 무늬를 이룬 모양

- 오징어가 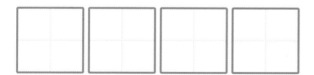 타기는 했지만 맛있어요.

거뭇거뭇 : 군데군데 거무스름한 모양

- 교실의 책상과 의자가 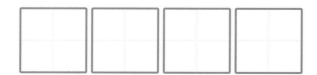 줄 맞춰져 있다.

반듯반듯 : 작은 물체가 여럿이 바르게 서 있는 모양

검은 머리 파 뿌리 되도록

머리가 파 뿌리처럼 하얗게 셀 때까지라는 뜻으로, 오래 살아 아주 늙을 때까지를 말해요.

나는 검은 머리
파 뿌리 되도록
건강하게 살고 싶다.

자라 보고 놀란 가슴 솥뚜껑 보고 놀란다.

어떤 것에 놀란 사람이 비슷한 것에도 겁을 내는 것을 뜻해요.

자라 보고 놀란 가슴
솥뚜껑 보고도 놀란다고,
개에게 물린 뒤로
멀리서만 봐도 무섭다.

색과 모양 _ 관계있는 습관적으로 쓰는 말 (관용어)

하늘이 노랗다.

힘들어서 기운이 없다.

나는 기운이 없어서
하늘이 노랗게 보였다.

4주
3일

무슨 뾰족한 수 있나

좋은 방법이 없다.

이 문제를 해결할
무슨 뾰족한 수 있나
찾아보자.

헷갈리기 쉬운 낱말 (맞춤법)

  두께가 보통의 정도보다 크다.

 믿는 마음과 사람 사이 마음이 단단하고 깊다.

 잘못 쓰기 쉬운 낱말 (맞춤법)

 거꾸로 　　차례나 방향이 반대로 바뀌어

거꾸로 ○　　　　꺼꾸로 ✕

- '두껍다'와 '두텁다'를 구분해 번호를 써 보세요.

"와! 네가 읽고 있는 책은 정말 두텁구나 　두껍구나 ."

우리 아파트는 이웃 간에 정이 두텁다 　두껍다 .

- 바르게 쓴 말에 동그라미 하세요.

원숭이가 나무에 거꾸로 　꺼꾸로 매달려 있다.

'못'을 사용하여 밑줄 친 부분을 고쳐 써 보세요. (문법-부정 표현)

> **못 부정문**은 상황이 안 돼서 할 수 없거나, 하고 싶지만 내 힘으로
> 할 수 없을 때 사용하는 부정 표현이에요.
>
> ➜ 늦게 일어나서 아침을 <u>못 먹었어요</u>.

너무 어두워서 무슨 색인지 <u>맞히겠어요</u>.

➜ ....

자가 없어서 반듯하게 선을 <u>그리겠어요</u>.

➜ ....

꼭짓점 세 개로 네모는 <u>만들어요</u>.

➜ ....

하얀색과 검은색을 섞으면 빨간색을 <u>만들어요</u>.

➜ ....

다음 글을 읽고, 물음에 답하세요.

"배추벌레야. 이곳은 정말 이상한 나라야. 자꾸만 내 몸이 커졌다, 작아졌다 하는데, 어떡하지?"

"이 마법 버섯을 먹어 봐. 그러면 네 모습으로 돌아올 거야."

버섯을 먹고 원래 크기로 돌아온 앨리스는 다시 토끼 아저씨를 찾으려고 정원 사이를 걷고 있었어요.

그런데 납작한 카드 병정들이 정원의 흰 장미를 빨간색으로 색칠하고 있는 게 아니겠어요?

"여왕님은 빨간 장미를 좋아하세요. 그래서 우리가 여왕님을 위해 이렇게 하나하나 색칠하는 거랍니다."

이상한 나라에서 앨리스는 왜 버섯을 먹었나요?

① 지금보다 커지려고 ② 원래 크기로 돌아가려고

③ 지금보다 작아지려고 ④ 배가 고파서

 병정들이 장미를 빨간색으로 색칠하고 있는 이유는 무엇인가요?

① 앨리스가 빨간색을 찾아서

② 여왕님이 흰 장미를 좋아해서

③ 토끼 아저씨가 좋아해서

④ 여왕님이 빨간 장미를 좋아해서

 '판판하고 얇으면서 좀 넓은 모양'으로 카드 병정들의 모습을 어떻게 나타냈나요?

그런데 납작한 카드 병정들이 정원의 흰 장미를 빨간색으로 색칠하고 있는 게 아니겠어요?

 하다.

다음 글을 읽고, 물음에 답하세요.

> 네덜란드 화가 몬드리안은 미술의 기본인 점, 선, 면만을 이용해 그림을 완성했다.
>
> 그의 그림은 현재까지도 많은 사랑을 받고 있으며, 거의 100년이 지난 지금의 디자인에도 활용될 정도로 세련됐다는 평을 듣고 있다.
>
> 특히 유명한 '빨강, 노랑, 파랑, 검정이 있는 구성' 작품은 제목에 있는 각각의 색이 나누어진 사각 면을 채우고 있다.
>
> 강렬하고 눈에 띄는 빨강을 가장 크게 넣어서 눈길을 확 사로잡고, 검정은 면이 아닌 창문처럼 가로지르는 선으로 표현했다.

1 몬드리안이 사용한 미술의 기본이 <u>아닌</u> 것은 무엇인가요?

① 점   ② 선

③ 면   ④ 양

2 몬드리안에 관한 설명으로 맞는 것은 무엇인가요?

① 주로 인물의 표정을 그렸습니다.

② 풍경을 사진처럼 자세히 그리는 화가입니다.

③ 지금의 디자인에도 활용될 정도로 세련된 그림을 그렸습니다.

④ 네덜란드에서만 유명한 화가입니다.

3 다음 몬드리안의 그림에서 가장 작은 넓이를 가진 면은 무슨 색인가요?

넓이 : 일정한 공간이나 범위의 크기를 말해요.

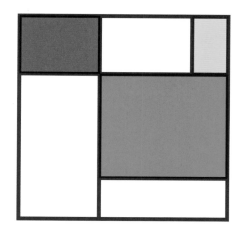

 색

平

| 평(平) | 평평하다를 뜻하고
평이라고 읽어요. |

 다음 낱말을 큰 소리로 읽어 보세요.

평균　평평　평소
평화　평범

이 글자는 소리가 고르게 퍼져 나가는 모양이에요.

모양	뜻	소리
平	평평하다.	평

쓰는 순서와 쓰기

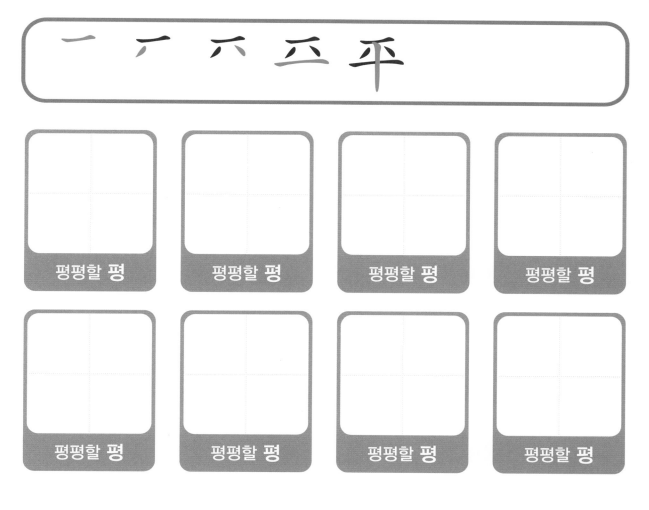

평평할 평   평평할 평   평평할 평   평평할 평

평평할 평   평평할 평   평평할 평   평평할 평

낱말에 평(平)이 숨어 있으면 그 낱말에는 '평평하다.'의 뜻이 들어 있어요.

낱말에 똑같이 들어 있는 글자에 동그라미 하세요.	낱말에 숨어 있는 같은 한자에 동그라미 하세요.
평균	平균 질이나 양을 고르게 한 것
평평	平平 바닥이 고르고 판판함
평소	平소 특별한 일이 없는 보통 때
평화	平화 조용하고 편안하며 화목한 상태
평범	平범 뛰어나거나 색다른 점이 없이 보통

공통 글자는 무엇인지 써 보세요.	공통 한자는 무엇인지 써 보세요.

평평할 평(平)이 숨어 있는 낱말에 동그라미 하고 써 보세요. (5개)

나는 친구들과 일주일에 평균 3일 정도 놀이터에서 논다. 특히 평평한 곳에서 딱지치기하는 것을 제일 좋아한다. 평소 우리 셋은 사이가 좋아 평화롭다. 평범해 보여도 즐거운 하루였다.

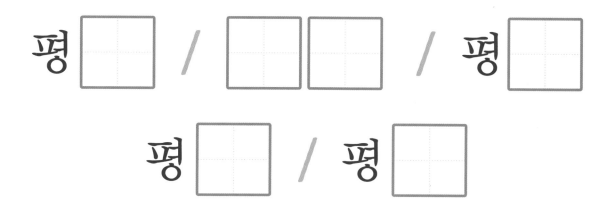

기본 낱말 다시 배우기 (명사)

 겉으로 나타나는 생김새나 모습

움직임을 나타내는 말 (동사)

 금이나 줄을 그리다.

성질이나 상태를 꾸며 주는 말 (형용사)

수진이는 글씨체가 참 하다.

반듯하다 : 모양이 비뚤어지거나 굽지 않고 바르다.

모양을 흉내 내는 말 (의태어)

나는 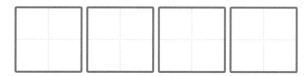 하게 구운 군고구마를 좋아한다.

노릇노릇 : 군데군데 노르스름한 모양

104

속담

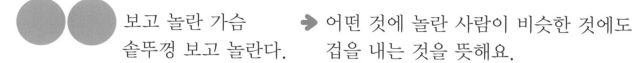

보고 놀란 가슴
솥뚜껑 보고 놀란다. ➔ 어떤 것에 놀란 사람이 비슷한 것에도
겁을 내는 것을 뜻해요.

보고 놀란 가슴 솥뚜껑 보고도 놀란다고, 개에게 물린 뒤로 멀리서만 봐도 무섭다.

습관적으로 쓰는 말 (관용어)

이 노랗다. ➔ 힘들어서 기운이 없다.

나는 기운이 없어서 ⬤⬤ 이 노랗게 보였다.

헷갈리기 쉬운 낱말과 잘못 쓰기 쉬운 낱말 (맞춤법)

"와! 네가 읽고 있는 책은 정말 **두텁구나** **두껍구나** ."

원숭이가 나무에 **꺼꾸로** **거꾸로** 매달려 있다.

'못'을 사용하여 밑줄 친 부분을 고쳐 써 보세요. (문법-부정 표현)

자가 없어서 반듯하게 선을 <u>그리겠어요.</u>

➔
....

오늘 한자

평(平) : **평평하다**를 뜻하고
평이라고 읽어요.

平 ☐ ☐

정답

107

3주

63p 어떤 말이 들어가야 할까요?

상관없, 이르, 꾸준, 알맞

64p 한 문장 독해

1. 이번 주 금요일 2. 일주일

3. 새 학기가 시작되었다.

65p 두 문장 독해

1. 다음 주 토요일 2. 모레 목요일

3. 운동을 한다.

66p 세 문장 독해

1. 할 일 2. 모둠 활동

3. 가족과 강원도로 여행을 떠난다.

70p 여러 가지 뜻을 가진 낱말 (다의어)

2, 3, 1

71p 알맞은 문장 부호를 넣어 보세요. (문법–문장 부호)

나는 친구들에게 말했다.

"모둠 활동은 목요일에 하자."

나는 마음속으로 다짐했다.

'주말에 리코더 연습을 많이 해야지!'

"연두야, 숙제는 금요일까지 해야 하는 거 맞지?"

아빠는 토요일인데 회사에 가셨다. 오늘 놀이공원에 가기로 약속했는데….

73p 한 문단 독해 1 (우화, 동화)

1. ② 2. ③ 3. 4

75p 한 문단 독해 2 (지식글)

1. ④ 2. ③ 3. 이익, 환경, 온난화

78p 낱말에 똑같이 들어 있는 글자에 동그라미 하세요.

78p 낱말에 숨어 있는 같은 한자에 동그라미 하세요.

(學)

79p 배울 학(學)이 숨어 있는 낱말에 동그라미 하고 써 보세요. (5개)

(개)학 (방)학 학(원) 학(습) (수)학

확인 학습 80p ~ 81p

짜, 나, 이르, 앵앵, 장날, 장날, 날, 날

나는 친구들에게 말했다.

"모둠 활동은 목요일에 하자."

學, 學

108

확인 학습　104p ~ 105p

양, 긋, 반듯, 노릇노릇, 자라, 자라, 하늘, 하늘,
두껍구나, 거꾸로
자가 없어서 반듯하게 선을 못 그리겠어요.
平, 平

109